KB196599

THE HISTORY 세계사 인물 5

노 벨

THE HISTORY 세계사 인물 5

노 벨

펴낸날 2024년 11월 19일 1판 1쇄

펴낸이 강진균

글 엄기원

그림 정병수

편집·디자인 편집부

마케팅 영업부

제작 강현배

펴낸곳 삼성당

주소 서울시 강남구 선릉로 747 삼성당빌딩 9층

대표 전화 (02)3443-2681 **팩스** (02)3443-2683

출판등록 1968년 10월 1일 제2-187호

ISBN 978-89-14-02183-0 (73990)

본 저작물은 저작권법에 따라 보호를 받는 책이므로 무단 전재와 무단 복제를 금합니다.

※ 파본은 바꾸어 드립니다.

THE HISTORY 세계사 인물 5

노 벨

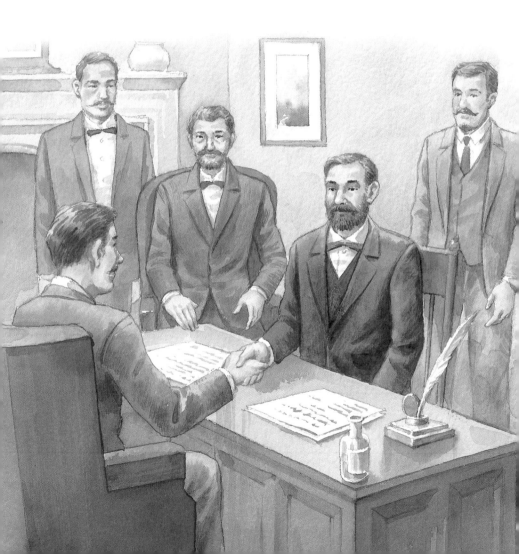

차례

몸이 약한 아기

"여보, 아기의 몸무게가 오늘은 좀 늘었소?"

임마누엘이 물었다.

"당신도 참! 아기가 양파 싹처럼 쑥쑥 자라는 줄 아세요?"

"우리 아기가 너무 귀여워서 그러는 거지, 뭐."

임마누엘은 아내의 핀잔에 쑥스러운 듯한 표정을 지었다.

"어서 양복이나 벗으세요."

안드레테는 조심스럽게 아기를 침대에 내려놓으면서 남편의 양복을 받아 들었다.

임마누엘은 막 일터에서 돌아오는 길이었다.

"그러나저러나 오늘도 빚쟁이들이 찾아왔겠지?"

임마누엘이 아내를 쳐다보며 물었다.

"네, 일찌감치 한 차례 몰려왔다 갔어요."

안드레테의 대답에는 힘이 없었다.

스웨덴의 수도인 스톡홀름 뒷골목에 있는 자그마한 집에서 1833년 10월 21일에 태어난 귀여운 아기의 이름은 알프레드 노벨이었다.

노벨은 태어날 때부터 몸이 허약했기 때문에 임마누엘은 매일 저녁 집에 돌아오자마자 아기가 잘 노는지 살폈다.

임마누엘은 집을 짓거나 강에 다리를 놓는 일을 맡아서 하고 있었다. 그러나 그가 가장 관심을 가지고 있는 것은 발명이었다.

생계를 위해 건축과 토목일을 하고 있지만 이사를 할 때마다 실험실부터 마련하는 것이 그의 습관이었다.

임마누엘은 발명가였다.

빚쟁이가 몰려와도 실험실에 틀어박혀 나오지 않았기 때문에 그의 아내가 대신 큰 곤욕을 치르는 경우가 많았다.

또한 집안 살림도 엉망이었다. 발명*이란 것이 당장 돈이 되는 일이 아니므로 그럴 수밖에 없었다.

"미안하오. 이렇게 당신에게 고생만 시켜서……."

임마누엘이 아내의 어깨에 손을 얹으며 힘없이 말했다.

"괜찮아요, 여보. 언젠가는 빛을 볼 날이 오겠지요."

안드레테는 애써 웃는 표정을 지었다.

"그때 너무 욕심을 부리지 말았어야 했는데……."

"또 그 말씀이군요. 하지만 덕분에 가장 튼튼하고 멋진 다리가 놓였잖아요."

발명

새로운 방법이나 기술, 물질이나 기구 등을 처음으로 고안, 제작하는 것. 발명은 물자의 창조라는 면에서 발견과 구별된다. 발명품은 특허라는 제도 속에 발명가의 권리를 인정, 독점할 수 있는 권리를 주고 있다.

1889년 파리 세계 박람회의 발명품 전시관

"하하, 그런가?"

임마누엘은 다리를 튼튼하게 만들기 위해 많은 비용을 들였는데 그만한 돈을 받아 내지 못해 하루아침에 빚을 지고 만 것이다.

"자, 걱정일랑 그만두고 애들을 위해 기도합시다."

임마누엘과 안드레테는 성모상 앞으로 가서 머리를 숙였다. 그때 네 살인 로버트와 두 살배기 루트비히는 한쪽에서 장난을 치고 있었다.

세월은 흘러 노벨이 태어난 지 4년이 된 어느 날이었다. 임마누엘이 조용히 아내를 불렀다.

"여보, 아무래도 외국으로 나가야겠소."

"외국이라니요?"

"이대로 스웨덴에 있다가는 발명품들이 언제 빛을 볼는지 도무지 알 수가 없소. 그러니 일단 나만이라도 생활의 변화를 가져 보아야겠다고 생각하오."

"당신을 이해할 수 있어요. 정 뜻이 그러시다면……."

"노벨이 학교에 들어갈 때쯤이면 돌아올 수 있을 거요."

며칠 후, 임마누엘은 핀란드로 떠나게 되었다. 그는 셋째 아들 노벨의 몸이 약한 게 몹시 마음에 걸렸다. 그래서 특별히 아내에게 당부했다.

"여보, 내가 없는 동안 집안을 잘 돌봐 주시오. 무엇보다 알프레드 노벨의 몸이 약해서 걱정되오."

"너무 염려 마세요. 노벨도 형들과 잘 놀고 있잖아요."

아이들은 아버지가 외국에 간다는 데도 아무렇지 않은 듯 노는 데만 정신이 팔려 있었다.

임마누엘이 집을 떠난 지 몇 달 후에 핀란드에서 편지가 왔다. 다시 러시아로 떠난다는 짤막한 사연이었다.

여보!

러시아는 나라도 크고 지금 한창 여러 가지로 개혁이 이루어지고 있는 중이오. 거기서는 반드시 내 발명품들이 빛을 볼 것 같소.

편지를 받아 본 안드레테는 안타깝지만 좀 더 기다릴 수

16

밖에 없었다.

그로부터 다시 몇 달이 지나 몸이 허약한 노벨이 드디어 학교에 입학하였다.

'노벨이 입학하는 모습을 남편이 보았으면 얼마나 기뻐할까?'

안드레테는 마음속으로 이렇게 생각했다.

그러나 노벨은 몸이 허약하여 학교에 가는 날보다 결석하는 날이 더 많았다.

그런가 하면 쉬는 시간이 되어도 밖에 나가 놀지 못했다.

"야, 쉬는 시간이다. 밖으로 나가자."

다른 아이들이 쉬는 시간에 뛰어놀 때도 노벨은 그러지 못했다.

'나는 언제나 마음껏 뛰놀지? 그래도 내겐 책이 있잖아.'

몸이 약한 노벨은 늘 교실에 남아 동화책을 뒤적이곤 했다.

그래서 노벨은 특히 국어와 글짓기 성적이 좋았다. 게다가 다른 과목의 성적도 좋아서 항상 반에서 1, 2 등을 다투었다.

노벨이 어린 시절을 보낸 러시아의 페테르부르크

"기쁜 소식이 있어요. 노벨이 또 1등을 했어요."

선생님도 그런 노벨에게 칭찬을 아끼지 않았다.

"노벨, 아주 잘했어."

한편 러시아로 건너간 임마누엘도 차츰 빛을 보게 되었
다. 페테르부르크에 기계 수리를 전문으로 하는 가게를 차
렸는데 얼마 지나지 않아 근방에서 제일 유명해졌다.

"자네는 어디에 가나?"

"기계가 고장나서 임마누엘을 찾아가네."

사람들의 이런 대화를 쉽게 들을 수 있었다.

한편 그는 늘 가족들이 걱정되어 아내에게 편지를 띄웠다.

18

사랑하는 안드레테!

그동안 아이들을 데리고 살아가느라 고생이 많소! 무엇보다 귀여운 노벨이 학교에 들어갔다니 기쁘기 그지없소. 그 녀석, 몸이 약해 걱정을 많이 했는데, 공부까지 잘한다니 얼마나 다행인지 모르오.

나는 여기서 잘 지내고 있으니 걱정 마시오. 가까운 시일 내로 빨리 그 녀석들에게 줄 선물을 사 가지고 돌아가겠소.

그럼, 다시 만날 때까지 안녕히.

이 편지가 도착하고 얼마 안 있어 마침내 임마누엘은 선물을 한 아름 안고 집으로 돌아왔다.

노벨과 그의 형들은 아버지가 안겨 주는 선물을 받고 기쁨에 겨워 환호성을 질렀다.

그동안 숱한 고생을 겪은 임마누엘은 점점 유명해졌다. 아무 관심을 얻지 못하던 발명품들이 특허를 받았다.

그 가운데에서도 새로운 절단기는 대단한 인기를 얻었다.

이 기계는 톱니바퀴로 물건을 자르게 되어 있었는데, 지

금까지 쓰던 것과는 비교가 되지 않을 만큼 성능이 좋았다.

그렇기 때문에 러시아 여러 지방으로부터 절단기를 구입하겠다는 주문이 쉴 새 없이 들어왔다.

임마누엘은 페테르부르크에 공장을 지었다.

이번에도 공장 안에 실험실을 제일 먼저 설치하였다.

직원들을 고용해 인기 품목인 절단기를 만드는 한편 자신은 새로운 발명에 몰두했다. 오래전부터 폭발물 연구에 온 힘을 기울였던 것이다.

그중에서도 제일 먼저 손을 댄 것은 지뢰였다. 임마누엘은 지뢰가 언젠가는 무기로 큰 구실을 할 것이라고 생각했다. 주위 사람들은 그의 연구에 대해 불안하게 여겼지만 말이다.

"아이쿠, 깜짝이야. 뭐가 터졌지?"

"앗, 폭발물이다."

임마누엘이 지뢰 실험을 하던 어느 날, 집에 경

찰관이 다녀갔고, 며칠 뒤에는 금빛 찬란한 계급장을 단 군복 입은 장교가 찾아왔다.

"육군에 계신 에가레프 장군이십니다."

안내자가 소개를 했다.

"어서 오십시오. 그런데 웬일입니까?"

임마누엘은 그 군인에게 공손히 인사했다. 그러나 임마누엘은 그가 찾아온 이유를 짐작할 수가 없었다.

"나는 육군 과학 기술 연구소의 대표로 있는 에가레프요. 당신이 폭발물 연구를 하고 있다는 소문을 듣고 찾아왔소."

"그렇기는 합니다만……."

"대체 당신은 누구의 허락을 받고 이런 일을 하는 겁니까?"

"네? 누구의 허락을 받고 한 적은 없습니다."

"폭발물은 특별한 거요. 반드시 군대의 허락을 받아야만 합니다."

"군대의 허락을요?"

"그러나 크게 신경 쓸 것은 없소. 나는 당신을 괴롭히러 온 것이 아니라 도와주러 왔으니까!"

"도와주러 오셨다고요?"

"그렇소. 당신은 앞으로 연구에만 몰두하면 되는 거요. 필요한 자금은 우리가 얼마든지 제공하겠소."

이렇게 해서 임마누엘은 하루아침에 돈 걱정을 하지 않게 되었다. 그 후 발명은 차근차근 진행되어 갔고, 에가레프 장군은 틈틈이 찾아와 발명의 진행 상황을 묻곤 했다.

어느 날 임마누엘이 에가레프 장군 앞에 넓은 종이 한 장을 펼쳐 놓았다.

"이게 뭐요?"

"지뢰와 기뢰의 설계도입니다. 둘 다 대단히 성능이 좋은 폭발물입니다."

"오, 정말 괴상한 모양이로군! 도대체 어디에, 어떻게 사용하는 것이오?"

"지뢰는 땅에 파묻는 폭발물입니다. 적군이 와서 이 폭발물이 묻힌 지점을 밟고 지나가게 되면 곧 폭발하지요. 그리고 기뢰는 물에 띄우는 폭발물입니다. 이것 역시 적군의 배가 와서 건드리면 폭발하게 됩니다."

"임마누엘 씨! 놀라운 발명을 해내셨군요. 그런데 이게 잘 터질까요? 대포처럼 쏘아서 터트리는 것도 아니고……. 과연 밟거나 건드리기만 해도 터진다 는 말이오? 그렇다면 운반 과정이나 설치 중에도 얼 마든지 터질 위험이 있잖소!"

"그럴 가능성이 전혀 없는 것은 아닙니다. 그래 서 한번 실험을 해 봤으면 합니다."

"그럼 어서 실물을 만드시오. 그리고 이번 기회 에 공장도 더 크게 짓는 게 좋겠소."

"알겠습니다."

'이번 기회에 크게 공장을 넓히는 거야.'

그는 공장 한 켠에 가족을 위한 살림집도 마련 하였다.

'음, 이만하면 가족이 함께 모여 살 수 있겠지.'

사정이 나아지자 임마누엘은 곧 스웨덴에 있 는 가족들에게 편지를 띄웠다.

안드레테!

아이들을 데리고 내게로 오시오.

이제 우리는 함께 살 수 있게 되었소.

러시아로 이사 가게 되었다는 어머니의 말에 아이들은 펄쩍펄쩍 뛰며 좋아했다. 그런데 로버트는 퍽 난처한 표정을 지었다.

"아니, 로버트! 넌 아빠가 계시는 러시아로 가는 게 싫어? 아빠가 우리를 위해 훌륭한 집을 지으셨다는데."

"어머니, 전들 왜 싫겠어요?"

로버트는 조용히 어머니 곁으로 다가와 멋쩍은 얼굴로 이야기를 꺼냈다.

화물선

화물 운반을 목적으로 하는 상선을 말한다. 예전에는 나라 간의 여객 수송에는 배가 중심이었으며 화물선도 여객 설비를 갖춘 게 많았다. 지금도 나라 간의 물품을 사고파는 수출이나 수입용 화물의 운송을 화물선이 실어 나른다.

화물을 싣기 위해 항구에 정박해 있는 선박

"저, 실은 화물선*에서 사람을 구한다는 광고를 보고서 마음이 설레던 참이었어요. 어머니가 허락해 주신다면 한동안 바다 생활을 해 보고 싶어요."

"오, 그래! 그런 일이 있었구나."

그래서 다시 스웨덴과 러시아 사이에 편지가 오갔다. 임마누엘도 로버트의 의견에 찬성했다. 그도 열네 살 때 조그만 배에서 일한 경험이 있었기 때문이다.

얼마 후 로버트는 화물선을 탔으며, 나머지 가족은 러시아로 향했다.

이것이 1842년 가을의 일이었다.

러시아에서 아버지가 새로 지은 집에 도착한 노벨은 입이 딱 벌어졌다. 스톡홀름에 살던 집과는 비교가 되지 않기 때문이다.

넓은 정원과 멋진 창문, 그리고 여기저기에 놓인 온갖 장식품은 그야말로 그림 속에서 보던 러시아 귀족의 저택 같았다.

노벨은 작은형 루트비히와 함께 스웨덴 사람끼리 모이는

교회에 나가서 많은 친구를 사귀었다. 친구들은 유명한 발명가의 아들인 노벨과 루트비히를 몹시 부러워했다.

반년 후에는 큰형 로버트가 페테르부르크로 찾아와 온 가족이 함께 살게 되었다.

임마누엘은 자식들을 위해 여러 나라 말에 능통한 가정 교사를 초빙했다. 그들은 우선 러시아어를 배웠다. 그런데 삼 형제 중 가장 어린 노벨이 그 어려운 러시아어를 제일 빠르게 익혔다.

"알프레드는 어학에 소질이 있구나?"

"쳇, 또 알프레드 칭찬이야."

"다른 나라 말을 몇 가지 더 배워도 되겠는걸."

"그게 정말이에요? 그렇다면 가르쳐 주세요."

"어휴, 나는 어학 공부는 싫은데……."

이렇게 하여 제일 나이 어린 노벨이 형들보다 먼저 다른 나라 말까지 배우게 되었다.

"아주 잘했어. 노벨!"

얼마 후 페테르부르크에서 10년 터울이 지는 노벨의 동생이 태어났다.

"여보, 아기 이름은 에밀이라고 지읍시다."

"에밀? 네, 참 좋은 이름이에요."

"에밀은 참 복도 많구나."

"룰룰루, 까꿍!"

"그러게 말이야. 이렇게 집안이 넉넉할 때 태어나다니!"

어머니와 아버지는 말할 것도 없거니와 형제들도 에밀을 무척 귀여워했다.

이렇게 노벨 집안에 경사가 있고 나서 마침내 임마누엘이 만든 지뢰를 실험하는 날이 되었다.

실험은 빈 짐마차를 언덕에서 굴려 지뢰가 묻힌 지점을 통과시키는 방법으로 행해졌다.

임마누엘의 연락을 받은 에가레프 장군은 고위 장성들을 불러 지뢰의 성능 실험을 지켜보게 했다. 그들은 임마누엘이 만든 지뢰의 성능을 믿으려 하지 않았다.

그 시대의 화약들은 모두가 '흑색 화약*'으로, 그것을 폭발시키기 위해서는 불을 붙이지 않으면 안 되었다.

"이번에 발명한 지뢰는 건드리기만 해도 터진다지?"

"믿을 수 없어."

"상식으로 있을 수 없는 일인데……."

"설마 저게 터질까?"

이때 임마누엘이 '시작'하며 소리를 지르자 그 순간 마차는 산산조각이 나서 파편이 사방으로 날아갔고, 구경하던 사람들은 함성을 지르며 박수를 쳤다.

실험은 대성공으로 끝났다.

"당신은 과연 마술사 같은 발명가요."

에가레프 장군이 임마누엘에게 다가와 악수를 청했다. 다른 장성들도 앞다투어 손을 내밀었다.

흑색 화약

질산칼륨, 황, 목탄을 혼합하여 만든 화약. 최초의 화약은 7세기 중국에서 그 원형을 발명하였고, 1242년에 영국의 R. 베이컨이 화약 만드는 법을 기록했다고 한다. 그 뒤 다이너마이트가 발명되기 전까지 거의 유일한 발사약, 폭발약으로 사용되었다.

19세기경의 무기 제조 공장

러시아 육군은 지체없이 임마누엘이 만든 지뢰를 주문했다.

공장은 또다시 어마어마한 규모로 커졌다.

이 무렵 노벨은 화약을 갖고 터뜨리는 새로운 놀이를 알아냈다. 종이를 말아서 그 안에 흑색 화약을 넣은 다음 불을 붙였는데, 두근거리는 가슴으로 불을 붙이는 순간 묘한 흥분과 재미를 느낄 수 있었다.

그리고 파란 불꽃이 하늘로 치솟아 오르는 모습은 너무나 아름다웠다.

노벨의 장난은 날이 갈수록 대담해졌다.

아버지가 만든 지뢰를 흉내 내기 시작한 것이다.

화약 가루를 종이에 싸서 공처럼 둥글게 만든 다음 심지를 꽂았다. 그리고 불을 당겨 놓고는 멀리 떨어져서 그 폭발을 지켜보는 것이 여간 재미있지 않았다.

이런 장난을 하는 동안 노벨은 어느덧 진짜 폭탄과 비슷한 폭약을 스스로 만들 수 있게 되었다.

노벨이 만든 폭탄이 자주 큰 소리를 내며 폭발을 일으키자 이웃 사람들이 먼저 이 장난을 알아차리게 되었다. 뒤늦게 이 사실을 안 노벨의 부모님은 엄하게 노벨을 꾸짖었다.

그다음부터는 공장의 직원들도 노벨에게 절대로 화약을 내주지 않았다.

그래서 무료하게 며칠 동안 방 안에서만 뒹굴던 노벨은 새로운 궁리를 하였다. 직접 화약을 만들어 보기로 결심한 것이다.

노벨은 즉시 화약에 관계된 책들을 구해 읽기 시작했다.

그는 그 책들을 통하여 초석과 숯가루, 그리고 황을 섞어야 화약을 만들어 낼 수 있다는 사실을 알게 되었다.

노벨은 살금살금 공장으로 가서 이 재료들을 몰래 가지고 나왔다. 그러고 나서 그 재료들을 가지고 들판으로 나가 혼자 화약을 만들어 보았다.

자신이 직접 화약을 만들어서 터뜨리니 더욱 재미가 있었다. 노벨은 실험을 거듭하는 사이에 화약 만드는 일에 어느 정도 자신감이 생겼다.

숲과 호수의 나라, 스웨덴

북유럽 스칸디나비아반도에 있으며 노르웨이, 핀란드와 국경을 접하고 유럽에서 네 번째로 큰 나라이다. 동남부는 발트해에 닿아 있고, 서부 노르웨이와의 국경에는 스칸디나비아산맥이 남북으로 길게 뻗어 있다.

국토의 반이 삼림으로 덮여 있으며 지형 대부분이 빙하기에 형성되었다. 이 때문에 삼림 사이에는 수많은 빙하 호수가 흩어져 아름다운 경치를 이룬다. 또한 스웨덴의 해안선은 복잡한 해안선과 더불어 매끄러운 암초 섬들이 많은데 이 또한 빙하가 만들어 놓은 독특한 지형 중 하나이다.

스웨덴의 전체적인 기후는 멕시코 만류의 영향으로 같은 위노에 있는 나라들보다 따뜻하다. 그러나 남부 지역과 북부 지역의 기온 차는 큰 편이다.

남부 지역은 멕시코 만류의 영향을 많이 받지만 북부 지역은 스칸디나비아산맥으로 인해 연교차가 심한 대륙성 기후이다.

스웨덴은 500년경부터 고트족이 자리 잡았고 8~10세기경에는 바이킹이 왕성하게 활동하였다. 이후 1060년 스탠킬 왕조가

'북유럽의 베네치아'라 불리는 스톡홀름의 거리

첫 통일 국가를 세웠지만 1397년에 덴마크에 정복되었다. 그리고 126년간 덴마크의 지배를 받다가 1523년에 독립하여 세습 왕국이 되었다.

그 후 몇 차례의 대외 전쟁을 치렀으며, 1813년 나폴레옹과의 전쟁을 끝으로 중립을 지키며 평화를 유지하고 있다. 현재 스웨덴은 입헌 군주제를 채택하고 있으나, 다른 입헌 군주제 국가와는 달리 국회의장이 수상 임명권을 행사한다.

이 나라는 사회 보장 제도가 세계에서 가장 발달하였기 때문에 온 국민의 안락한 생활이 보장되어 있다. 교육, 의료, 실업 보

험, 연금, 노인 복지 제도가 발달했고 공공 서비스 요금이 무료
이다.

북유럽 제1의 공업국이며 침엽수림이 많아 임업이 발달하여
제재, 제지, 펄프 등의 공업도 성하다.

북부의 키루나, 옐리바레에서는 질 좋은 철광석이 많이 생산
되어 공업이 발달하였고 이에 따라 항구 도시도 발달하였다. 남
부 도시에서는 풍부한 전력을 이용한 화학, 전기, 제강, 조선 등
의 공업이 활발하다.

수도 스톡홀름은 경제, 사회, 문화의 중심지로 여러 개의 반도
와 섬으로 이루어져 있다. 또 '백야의 항구', '북유럽의 베네치
아'라 불리는 아름다운 도시로 오래된 건물과 현대식 선물이 조
화를 이루고 있다.

특히 시청사는 북유럽 최고의 건축미를 자랑하는 아름다운 건
물로, 노벨상 수상자를 위한 축하 파티가 열리는 곳으로 유명하다.

예테보리는 스웨덴 제2의 도시이자 무역이 성한 항구 도시로,
세계적으로 조선업이 유명하며 자동차, 기계, 면직 등의 생산도
활발하다.

문학을 좋아하는 청년

그 무렵 로버트와 루트비히는 아버지의 공장에 정식으로 출근하며 일하고 있었기 때문에 낮에는 집에 없었다.

그래서 노벨은 늘 외톨이였다.

"에이, 형들이 집에 없으니까 너무 심심해."

혼자 화약 만드는 일에 싫증이 난 노벨은 이제 여러 가지 책을 읽기 시작했다.

노벨은 이미 러시아어뿐만 아니라 프랑스어, 독일어, 영어, 이날리아어 등을 서툴게나마 읽고 쓸 수 있었다.

게다가 노벨은 문학, 과학, 역사 등 여러 방면으로 호기심이 많았다.

그중에서도 문학에 대해서 여간 관심이 많은 게 아니었다. 그는 독서를 통해 지식을 넓혀 갔으므로 감성도 매우 풍부해졌다.

그동안 아버지의 공장에서는 계속 새로운 발명품을 내놓았다. 무기 말고도 만들어 내야 할 것이 얼마든지 있었다.

그 가운데 스팀기는 대단한 인기를 끌었다.

뜨거운 증기를 긴 파이프로 집 안에 끌어들이는 것인데, 추위가 심한 러시아에선 너무도 반가운 발명품이었다.

임마누엘이 무기만 만든다고 헐뜯던 사람들도 이 스팀기 앞에서는 입을 다물 수밖에 없었다.

결국 임마누엘은 수많은 러시아 사람으로부터 찬사와 존경을 받게 되었다. 귀족들도 임마누엘을 자주 파티에 초대했다.

어느 해 여름, 노벨은 두 형과 함께 아버지의 공장으로 가기 위해 네바강 강가에서 배를 기다리고 있었다.

그런데 갑자기 노벨이 옷을 훌훌 벗어 던지더니 깊은 강물 속으로 첨벙 뛰어들었다.

"아니, 노벨!"

"위험해! 빨리 밖으로 나와!"

형들이 놀라서 외쳤다.

"노벨! 어서 나오지 못해!"

"어느새 건너편까지 헤엄쳐 갔네."

두 형도 곧 배를 타고 뒤따라 강기슭으로 올라왔다.

"너 어쩌자고 이런 무모한 짓을 한 거니?"

"형, 우리는 바이킹의 후손이잖아. 그래서 용기를 내 본 거야."

"하지만 그러다가 잘못되면 어쩌려고?"

"노력하면 할 수 있다는 걸 확인하고 싶었어."

"하긴 남에게 지기 싫어하는 건 우리 노벨 가문의 전통이 잖니?"

"하하하, 맞아요."

"하하하."

나중에 이 이야기를 전해 들은 아버지는 호탕하게
웃었다.

　　"이젠 노벨의 건강을 염려하지 않아도 되겠구나!"

　　그때 노벨의 나이 열여섯 살이었다.

　　네바강을 헤엄을 쳐서 건넌 일이 있고 나서 며칠
후, 아버지가 노벨을 조용히 불렀다.

　　"노벨, 요즘도 화약으로 장난을 치고 있니?"

　　"……."

　　"이젠 화약에 흥미를 잃었니?"

　　"꼭 그런 것은 아니지만 다른 데 관심이 있어요."

　　"그게 뭐니?"

　　"문학이에요."

　　"음, 문학도 어느 정도 알아 두는 게 좋지."

　　"그 정도가 아니에요. 아버지, 문학을 공부하고
싶어요."

　　"그럼 공장에도 관심이 없단 말이냐?"

　　"공장엔 형들이 있잖아요."

노벨이 어린 시절에 성장한 러시아 페테르부르크 시를 가로지르는
네바강

"아니, 형들만으로는 안 된다. 나는 네가 꼭 필요하단다.
실험실을 맡아 가지고 새로운 물건을 계속 개발해 낼 사람
은 너밖에 없어."

"아버지, 실망하게 해 드려서 죄송합니다."

"난 네 뜻을 억지로 꺾고 싶지는 않다. 좀 더 시간을 두고
생각해 보자꾸나. 그동안 견문도 넓힐 겸 외국에 나갔다 오
지 않겠니?"

"외국이라고요!"

"너는 여러 나라 말을 잘하니까 혼자 돌아다닐 수 있겠구
나! 사실은 미국에 좀 다녀왔으면 하는데……."

"그럼, 제가 다녀오겠어요. 아버지."

노벨은 매우 기쁜 표정을 지으며 말했다.

"미국에 가면 군함* 제조 전문가인 존 에릭슨 씨가 있다. 그분을 찾아가서 몇 가지 전문적인 지식을 배워 오너라."

아버지는 몇 가지 질문이 적힌 쪽지를 노벨에게 주었다.

거기에는 '특수 합금', '스팀의 개량' 등의 기술적인 말들이 적혀 있었다.

'아버지는 나를 대를 이을 발명가로 만드실 작정이구나.'

노벨은 아버지의 뜻을 알아차릴 수 있었다.

'아무튼 아버지의 뜻에 따를 수밖에……'

노벨이 짐을 꾸려 미국으로 떠난 것은 이듬해 봄이었다.

갑자기 병이 나서 한동안 요양을 했기 때문이다.

군함

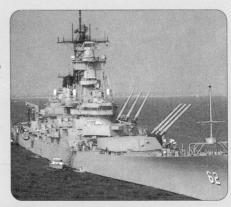

전쟁을 목적으로 하여 만들어진 특수 선박. 초기 군함은 많은 노를 뱃전에 늘어놓고 노예나 죄인에게 젓게 하면서 전투를 하였다. 그러나 18세기부터는 선박에 철재를 사용, 증기 기관을 이용해 움직임이 빨라졌다. 이후 선박과 공격 무기의 발달로 공격성이 좋은 군함이 만들어지고 있다.

무장한 전함

"노벨, 잘 다녀오너라."

"몸조심해라!"

"잘 다녀오겠습니다."

가족들의 전송을 받으며 미국으로 떠나는 노벨의 손에는 가방 하나가 달랑 들려 있었다.

가방 안은 온통 문학책들로 가득 채워져 있었다. 배가 페트르스부르크 항을 벗어날 때였다.

"시를 읽어 볼까?"

그것은 즐겨 읽던 셸리의 시집이었다.

먼 항해 기간 동안 갑판 위를 거닐며 시를 읽는 노벨의 얼굴은 매우 평화로워 보였다.

미국에 도착한 노벨은 에릭슨을 만나기에 앞서 구경하러 다녔다.

역마차로 초원을 달려 보기도 하고, 배로 미시시피강을 거슬러 올라가 보기도 했다. 미국은 러시아와 또 다른 정취를 맛볼 수 있는 나라였다.

며칠 후, 노벨은 에릭슨을 찾아갔다.

"아니, 네가 정말 임마누엘 노벨의 아들이란 말이냐! 너의 아버지와 나는 함께 공부한 친구 사이란다. 한데 이 먼 길을 무슨 용무로 왔지?"

"아버지가 선생님께 몇 가지 기술을 배워 오라고 해서 이렇게 왔습니다."

노벨은 안주머니에서 아버지의 편지를 꺼내서 건네주었다. 에릭슨은 잠자코 편지를 읽은 뒤 이렇게 말하였다.

"여기 적힌 기술은 네가 하루아침에 배울 수 있는 것이 아니란다. 여기서 몇 년 동안 머물러 있으면서 그 기술을 배워 볼 생각은 없느냐?"

"몇 년씩이나요? 그런 일은 상상조차 해 보지 않았는걸요."

"그럴 테지. 그렇다면 미국 구경이나 실컷 하고 돌아가거라, 내가 몇 가지 설계도와 설명서는 마련해 주마."

며칠 후 노벨은 에릭슨이 건네준 서류와 아버지의 발명에 참고가 될 만한 과학 서적들을 한 아름 사서 유럽으로 건너갔다.

그 배 안에서노 노벨은 셸리의 시집만 들여다보고 있었다.

노벨은 영국과 독일, 덴마크, 이탈리아를 거쳐 프랑스로 갔다.

예술의 도시라고 불리는 프랑스의 수도 파리는 노벨의 마음을 사로잡았다.

그는 파리에 머물면서 하숙집을 구해 놓고 독서와 명상, 그리고 산책으로 짧지 않은 나날을 보냈다.

노벨이 다시 러시아로 돌아온 것은 2년이 흐른 뒤였다.

마침 집에는 경사스러운 일이 거듭 생겼다. 그중에서도 가장 큰 경사는 임마누엘 부부가 러시아 황제의 만찬에 초대를 받은 일이었다.

그 자리에서 임마누엘 부부는 영광스럽게도 황제로부터 러시아 최고의 훈장을 받았다.

"임마누엘 씨, 앞으로도 많은 발명을 해 주시기를 바랍니다."

많은 귀족들도 그들 부부를 둘러싸고는 박

수를 치며 축하해 주었다.

오랜 여행 끝에 집에 돌아온 노벨은 피로 때문인지 한동안 몸져누웠다.

안드레테는 아들 곁에서 밤을 지새우며 간호하였다.

"원, 세상에……. 2년 동안 무엇을 하고 돌아다녔길래 몸이 이렇게 약해졌니?"

"미안해요, 어머니. 외국에 있는 동안에는 한 번도 병을 앓지 않았는데 이상하군요."

"따뜻한 나라에 있다가 갑자기 추운 데로 와서 병이 난 것일지도 모른다."

아버지도 노벨의 이마에 손을 얹으며 말했다.

"노벨, 너무 무리한 모양이구나. 네가 사져온 책들이 깨끗한 걸 보니 과학 공부는 안 한 것이 분명하고……. 도대체 그동안 무슨 공부를 했느냐?"

"아버지, 사실은 문학책만 보았습니다."

노벨은 숨김없이 털어놓았다.

"2년 동안 문학책만 보았다고?"

"네, 문학 공부를 하면서 여러 나라 사람을 사귀었습니다."

노벨의 이마엔 땀방울이 송골송골 맺혔다.

"여보, 얘기는 나중에 하시는 게 좋겠어요. 쯧쯧, 땀 좀 닦아야겠구나."

노벨의 감은 눈 위로 떠오르는 얼굴이 하나 있었다.

그것은 다름 아닌 파리에서 사귀었던 프랑스 소녀의 얼굴이었다.

공원에서 우연히 만난 그 소녀는 노벨과 똑같이 문학에 관심이 많았고 셸리의 시를 좋아했다.

그래서 두 사람은 날마다 만나서 시를 이야기하며 산책도 자주 했다.

파리에 머물러 있는 동안, 노벨은 그 소녀를 끔찍이 좋아하게 되었다. 하루라도 만나지 않으면 잠을 못 이룰 정도였다. 그러한 감정은 소녀도 마찬가지였다.

두 사람은 첫사랑에 푹 빠졌던 것이다.

그러던 어느 날, 갑자기 그 소녀가 병으로 죽고 말았다. 마치 영화의 한 상면 같은 이야기였다.

노벨은 여러 날 동안 음식도 먹지 않고 잠도 자지 않은 채 그 소녀만을 생각하면서 울고 또 울었다.

그렇게 몸과 마음이 지쳐서 러시아로 돌아온 노벨은 굳게 결심했다.

'나는 평생 동안 결혼하지 않을 것이다. 나의 사랑은 파리에서 끝나 버렸다!'

노벨은 이 슬픈 이야기를 아무에게도 하지 않았다.

한동안 병석에 누워 있던 노벨은 어머니의 극진한 간호로 몸이 완전히 회복되었다.

오랜만에 산책도 할 겸 공장에 나가 보니 모두 눈코 뜰 새 없이 바쁘게 일하고 있었다. 전쟁이 일어나 무기가 많이 필요해졌기 때문이다. 그러한 상황을 보자 노벨도 공장일에 뛰어들지 않을 수 없었다.

하루 종일 바삐 일하다 보니 가슴 아픈 첫사랑의 기억에서도 점차 벗어나게 되었다.

아버지는 노벨의 이러한 모습을 보며 퍽 다행스럽게 생각했다.

임마누엘이 운영하는 공장은 이제 온 가족의 공장이 되었다. 게다가 규모도 자꾸만 커져서 종업원 수가 1천 명이 넘었다.

이제 공장에서는 지뢰뿐만 아니라 기뢰까지도 완전히 개발되어 대량으로 생산할 수 있었다. 또한 대포와 갖가지 무기도 만들었다.

이러한 분위기에 때맞추어 러시아는 전쟁을 더욱 확대해 나갔다. 이것이 바로 크림 전쟁*이다.

크림 전쟁은 처음엔 러시아가 터키를 굴복시키기 위해 일으킨 전쟁이었는데 시간이 갈수록 상황이 달라졌다. 영국과 프랑스가 터키 편이 되어 러시아와 맞선 것이다.

그리하여 러시아의 남쪽 흑해에 있는 크림반도에 영국,

크림 전쟁

러시아가 남방 진출 목적으로 일으킨 전쟁. 1853년 러시아는 터키 영내에 있는 크리스트 교도를 보호한다는 구실로 터키에 대해 침략 전쟁을 시작하였다. 이후 영국과 프랑스가 연합군으로 참전하여 크림반도에서 격렬한 전투를 벌여 많은 사상자를 내고 마침내 러시아는 1856년 패배하고 말았다.

크림 전쟁의 세바스토폴 전투

프랑스 연합군이 상륙하여 러시아 군과 맹렬한 전투를 벌였다. 그 유명한 플로렌스 나이팅게일이 간호사로 참전한 전쟁이 바로 크림 전쟁이었다.

마침내 영국, 프랑스 연합군의 군함들이 페테르부르크 항까지 쳐들어왔다.

그러나 페테르부르크 항 입구에는 노벨 공장에서 만든 기뢰가 수없이 깔려 있었다.

"아얏! 이게 무슨 일이냐?"

"앗, 안 되겠다."

그것도 모르고 밀려들던 연합군 군함들이 잇달아 봉변을 당했다.

"모든 군함은 뱃머리를 돌려라."

전혀 예기치 않던 기뢰의 위력에 연합군은 겁을 먹고 공격을 단념한 채 되돌아갔다.

러시아 정부에서는 크게 기뻐하며 노벨 공장에 더 많은 무기를 주문했다.

"모두가 노벨 공장의 덕택입니다. 당신들은 이번 전쟁의 숨은 영웅이나 마찬가지입니다. 계속해서 무기를 만들어 주십시오."

노벨 일가는 전 재산을 투자하여 주문한 여러 종류의 무기들을 쉴 새 없이 생산했다.

특히 러시아 군에서는 날마다 높은 사람들이 찾아와 부탁과 격려를 아끼지 않았다.

"좀 더 위력적인 무기를 만들어 주시오. 전쟁에 이기면 많은 혜택이 돌아가도록 보장해 주겠소."

임마누엘과 노벨 부자는 새로운 화약의 개발을 위하여 여러 가지 실험을 계속했다.

어느 날, 실험에 열중하던 노벨이 잠시 일손을 멈추고는 넌지시 입을 열었다.

"아버지, 이번 전쟁에서 과연 러시아가 이길까요?"

"글쎄, 그건 하느님만이 아실 테지."

"그래도 예감이라는 게 있지 않습니까?"

"음, 솔직히 말하면 러시아가 이기기는 힘들 게다."

"왜 그렇지요?"

"그건 영국의 공업이 러시아보다 훨씬 앞서 있기 때문이란다. 공업이 발달하면 자연히 전쟁 무기들도 더 많이 개발되게 마련이거든."

"그래도 무기는 러시아가 우세하지 않을까요?"

"물론 그런 부분도 있지. 하지만 전체적으로는 분명히 영국에 뒤지고 있단다. 예를 들어 러시아 군의 대포는 말이 끄는데, 영국군은 증기 기관차*가 끌지."

아버지의 설명에 노벨도 점점 러시아 군이 전쟁에 질 수밖에 없다는 사실을 이해하게 되었다.

증기 기관차

증기의 열에너지를 기계적인것으로 변환시키는 원동기로 움직이는 기관차이다. 처음 증기 기관으로 바퀴를 회전시켜 달리는 기관차가 출현한것은 J. 와트가 증기 기관을 발명한 후인1769년이다. 그 후 레일 위를 달리는 증기기관차가 나타난 것은 1804년부터이다.

증기 기관차

크림 전쟁(1853~1856)

크림반도를 중심으로 러시아가 영국, 프랑스, 오스만 투르크, 프로이센, 사르데냐 연합군과 벌인 전쟁이다. 러시아는 이 전쟁에서 패한 후 본격적으로 근대화를 추진하게 된다. 플로렌스 나이팅게일이 처음으로 전선에서 구호 활동을 벌였던 전쟁으로도 알려져 있다.

원인

원래 러시아는 빈 회의(1814~1815) 이래로 남진 정책을 대외 팽창 정책의 기본으로 하고 있었다. 전쟁의 직접적 계기는 러시아가 투르크 제국 내 정교회 교도들에 대한 보호권을 수장한 데서 비롯되었다. 한편 예루살렘 성지에 대한 로마 가톨릭과 러시아 정교회의 권한을 놓고 프랑스 나폴레옹 3세와 러시아의 니콜라이 1세가 대립한 것도 주요 요인으로 작용했다. 1853년 7월 러시아가 몰다비아 왈라키아 등에 침입하여 점령하자, 서유럽 열강의 지지를 받은 투르크가 10월 러시아에 대하여 선전 포고를 함으로써 전쟁이 일어났다.

경과

　1853년 11월 나히모프 제독 지휘아래의 러시아 흑해 함대가
소아시아의 시노프 앞바다에서 투르크 함대를 격파하자, 영국
과 프랑스는 러시아에 대립, 투르크를 지지하고 나섰다. 오스트
리아는 최후통첩을 보내어, 러시아에 몰다비아와 왈라키아의 포
기・양도를 요구하였다. 니콜라이 1세는 어쩔 수 없이 이 요구
에 응하였으나 사태의 악화를 두려워하여 오스트리아 국경 지
대에 대군을 배치하지 않을 수 없었다.

　1854년 9월 영국・프랑스・투르크 연합군은 약 6만의 대군을
크림반도에 상륙시키고, 세바스토폴을 포위하였다. 1855년 1월
사르데냐도 연합군에 가담하였다. 연합군보다 힘의 열세를 자인
하지 않을 수 없었던 러시아 함대는 1855년 9월, 세바스토폴 만
에 자국 함정을 침몰시켜 항구를 폐쇄한 후 철수하였다. 한편 육
상의 러시아 군은 주민들의 지원 아래 진지를 구축하고 적의 포
격에 맞서 장장 11개월간이나 버티어 요새를 지켜냈으나, 1855
년 8월 말 연합군에게 세바스토폴의 남쪽을 점령당하고 북방으
로 퇴각하였다.

결과

니콜라이 1세는 전쟁 중인 1855년 2월에 사망하였으며, 뒤를 이은 알렉산드르 2세는 러시아에서의 근본적 개혁의 필요성을 깨닫고, 1856년 3월 파리에서 강화 조약을 체결하였다. 그 결과 러시아는 다뉴브 하구 및 흑해 인근에서의 영향력을 잃었고, 이후 흑해는 모든 국가에 대해 군함 통과 및 무장이 제한되며

노예 해방을 발표하는
알렉산드르 2세

중립이 선언된다. 러시아는 패전을 계기로 근대화를 지향하는 운동이 일어나, 1861년에 농노 해방을 비롯하여 일련의 개혁이 추진되었다.

어려워진 노벨 공장

노벨은 또 한 가지 궁금한 점이 있어 아버지에게 물어보았다.

"아버지, 만약 러시아가 전쟁에 져도 정부가 우리 공장에 제대로 돈을 지급해 줄까요?"

"그야 물론 해 주겠지. 너는 쓸데없는 걱정 하지 말고 실험이나 계속해라."

"아버지, 오래전부터 마음에 걸리는 게 있어요."

"그게 뭔데?"

"우리의 연구가 사람들을 죽이는 것과 관련되어 있다는 사실 말이에요. 지금보다 강력한 무기를 만든다는 것은 결국 더 많은 사람들을 죽인다는 이야기가 되지 않겠어요?"

이 말을 들은 아버지는 빙긋 웃기만 할 뿐 아무 말이 없었다.

노벨은 책상에 팔꿈치를 얹고 턱을 괴면서 깊은 생각에 잠겼다.

실험실 밖에서는 무기를 실어 나르는 화물차들의 소리가 요란하게 들려왔다.

잠시 후, 아버지가 노벨을 보면서 입을 열었다.

"너는 네 어머니와 비슷한 생각을 하고 있구나. 네 어머니도 화약은 위험하니 아예 만지지 말라고 하더라."

"화약은 좋은 일에도 많이 사용되니 문제가 다릅니다. 그러나 우린 지금 무기를 만드는 거예요."

"그래, 무기를 만들고 있지."

"무기는 사람을 죽이거나 다치게 하는 거잖아요."

"노벨, 너는 지금 하나만 알고 둘은 생각하지 못하고 있구나."

"그게 뭔데요? 말씀해 주세요."

"무기는 사람들을 죽이거나 다치게 하기 위하여 생겨난 것이 아니란다. 무기는 자신을 보호하기 위해서, 그리고 이 세계의 모든 악을 없애 버리기 위해서 만들어 낸 것이기도 하단다."

"하지만 분명히 정의롭지 못한 자들의 도구로도 쓰이잖아요."

"그래서 우리는 더욱더 좋은 무기를 개발해 내야 하는 거야. 그런 악한 자들을 제압하기 위해서는 부득이 그들보다 더 강력한 힘과 무기가 필요한 것이란다. 악은 반드시 정의 앞에 굴복하고 마는 법이지."

"하지만 마음이 편치 않아요."

"그러니까 우리는 늘 기도해야 한단다. 우리가 발명하고

만들어 낸 생산품들이 평화의 도구로 쓰이게 해 달라고 기
도해야 하는 것이란다."

창밖에는 어느덧 어둠이 깔리고 있었다.

"이제 그만 집으로 돌아가자."

아버지는 노벨의 손을 잡아 일으켰다.

1856년에 전쟁은 끝났다.

약 3년간에 걸친 크림 전쟁에서 결국 러시아 군은 패배
하고 만 것이다.

노벨 공장은 더 이상 무기를 만들 필요가 없어졌다.

하지만 문제는 이미 만들어 놓은 엄청난 양의 무기였다.
러시아 정부는 더 이상 무기를 사지 않았다.

노벨 공장에 쌓여 있는 무기는 엄청난 양이었다.

게다가 노벨 공장은 막대한 빚까지 짊어지고 있어 어려
움이 더했다.

생각다 못한 임마누엘은 러시아 정부에 탄원서를 냈으나
아무런 반응도 얻어내지 못했다.

"임마누엘, 빌려 간 돈을 갚으시오."

"내 돈은 어쩔 거요?"

"미안합니다. 자금이 여의치 못해서……."

공장이 잘 돌아갈 때는 웃으면서 돈을 빌려주던 사람들도 점점 차가운 얼굴로 빚 독촉을 하기 시작했다.

엎친 데 덮친 격으로 공장에 불이 나 생산량의 절반 이상이 못 쓰게 되어 버렸다.

어쩔 수 없이 1천 명이 넘던 고용원들도 하나둘 내보내지 않을 수 없게 되었다.

'아, 되는 일이 하나도 없구나.'

임마누엘은 몇 안 남은 직원들만 데리고 가정용품을 만들어 보려 했지만 그것도 뜻대로 되지 않았다.

은행에 부탁한 새로운 대출도 여의치가 않았다.

"제발 부탁드립니다."

"글쎄, 좀 곤란합니다."

노벨 공장은 점점 이러지도 저러지도 못할 어려운 지경에 이르게 되었다.

어느 날, 아버지는 노벨을 불렀다.

"애야, 네가 유럽에 좀 다녀와야겠다. 이전에 우리와 거래가 있던 런던의 은행을 찾아다니면서 돈을 좀 부탁해 보거라."

"알겠습니다, 아버지!"

노벨은 즉시 배를 타고 영국으로 건너갔다.

노벨은 영국으로 향하는 배의 갑판에서 푸른 바다를 바라보며 깊은 시름에 잠겼다.

'내가 과연 아버지의 어려움을 덜어 드릴 수 있을까?'

이때 노벨의 나이 스물다섯 살이었다.

노벨은 영국에 도착하여 여기저기 은행을 쫓아다녔지만 가는 곳마다 거절당했다.

그래서 그는 다시 프랑스로 건너갔다. 하지만 프랑스 은행들도 마찬가지였다. 모두 고개를 가로저을 뿐이었다.

"미안합니다. 지금은 안 되겠습니다."

"그래도 편의를 좀 보아주십시오. 이자는 충분히 계산해 드리겠습니다."

"댁의 사정이 딱하다는 것은 잘 알겠습니다. 하지만 당신

19세기 당시 영국 런던의 은행가 모습

네 공장에서 러시아 군대의 무기가 생산되었다는 사실이 널리 알려진 이상 돈을 빌려 줄 수는 없습니다.”

“그건 이미 지나간 일입니다. 우리 공장도 러시아 때문에 엄청난 피해를 보고 있는 형편입니다. 이번에 돈을 빌려주시면 저희 공장은 힘을 얻어 다시 일어설 수 있습니다. 결코 돈을 갚지 못할 그런 공장이 아닙니다.”

“물론 저희도 그건 의심하지 않습니다. 하지만 때가 때이니만큼 정말 곤란합니다.”

노벨은 이렇게 온갖 노력을 다했지만 결국 아무것도 이루지 못하고 말았다.

"네가 그렇게 애썼는데도 안 되다니!"

아버지 임마누엘은 침통한 얼굴빛을 감추지 못했다.

얼마 후에는 살고 있던 집까지 내놓지 않으면 안 되었다. 노벨의 아버지는 완전히 파산하고 만 것이다.

결국 가족들은 뿔뿔이 흩어지게 되었다.

그 무렵 형 루트비히는 결혼한 몸이라 상관이 없었으나 아버지와 어머니는 별수 없이 스웨덴으로 돌아가야 했다. 막내인 에밀 또한 아직 어려 부모와 떨어질 수 없었다.

하지만 노벨과 노벨의 큰형 로버트는 페테르부르크에 남기로 하고 조그만 사글셋방을 얻었다.

며칠 후 가족들은 초라한 마차 앞에서 작별 인사를 나누었다. 로버트가 막내 에밀의 손을 잡고 말했다.

"에밀, 부모님 말씀 잘 듣고 건강하게 지내. 형들이 공장을 다시 일으키면 연락할게."

어느새 머리가 희끗해진 아버지가 노벨의 어깨를 잡았다.

"노벨, 우리 가문을 다시 일으킬 사람은 바로 너다. 네가 멋진 발명품을 만들어 내기만 하면 우리는 곧 잃어버린 새

산을 되찾게 될 게다.”

 “아버지 염려 마세요.”

 “그래, 잘해 보자. 로버트 너도…….”

 마침내 마차는 덜컹거리며 움직이기 시작했다.

 노벨과 로버트는 스웨덴으로 향하는 마차를 바라보며 오랫동안 손을 흔들었다.

 부모님을 떠나보내며 노벨은 굳게 결심하였다.

 ‘어떻게 해서든지 아버지가 이룩했던 지난날의 영광을 반드시 되찾고야 말 테다.’

 노벨은 새로운 야망에 불타기 시작했다.

 한편 가족들이 그동안 땀 흘려 키워 온 노벨 공장은 이미 다른 사람에게 넘어가 있었다.

 “저희를 고용해 주십시오.”

 “음, 임마누엘 씨의 아들들이군.”

 하지만 노벨을 비롯한 삼 형제는 조금도 실망하지 않고 그곳에서 일자리를 얻었다.

 “좋아, 열심히 일해 보게.”

얼마 전까지만 해도 사장의 아들이었던 삼 형제가 이제는 직원으로 일하게 된 것이다.

삼 형제는 이를 악물고 일에 매달렸다.

그들은 밤낮을 가리지 않고 일했다. 그런데 몸을 돌보지 않고 일하던 노벨이 그만 몸져눕고 말았다.

때는 겨울이라, 값싼 사글셋방은 너무나 추웠다. 이불을 뒤집어써도 온몸이 덜덜 떨렸다. 게다가 형들은 계속 공장에 나가야 했으므로 간호할 사람도 없었다.

그 무렵 전쟁에 패한 러시아의 경제 형편은 이루 말할 수 없이 나빴다.

그러므로 로버트와 루트비히가 벌어도 먹고 살기 급급할 정도였다. 그해 겨울 삼 형제는 추위와 굶주림으로 너무도 큰 고생을 하고 있었다.

봄이 돌아와서야 노벨도 차차 건강이 회복되었다.

그로부터 얼마 후, 고생한 보람이 있어 둘째 루트비히가 중심이 되어 삼 형제는 조그만 공장을 차릴 수 있었다. 평소 연구와 실험에 빠져 있던 노벨은 공장 한쪽 구석에 실험실을 만들어 놓고 날마다 실험에 몰두했다.

그들이 공장을 차린 지 반년쯤 지난 어느 날이었다.

"형, 오늘 그동안 제가 연구한 것을 실험해 볼 거예요. 새로운 재료로 화약을 만들었거든요."

노벨은 두 형을 강변으로 데리고 갔다.

그리고 형들이 지켜보는 앞에서 방망이 같은 물건에 불을 붙여 힘껏 강물 쪽으로 집어 던졌다.

그러자 '쾅'하는 폭음 소리와 함께 물기둥이 솟아올랐다.

"와, 성공이다!"

"노벨, 성공을 축하한다."

그날 밤, 삼 형제는 오랜만에 축배를 들었다.

"노벨, 드디어 해냈구나!"

형들은 진심으로 노벨의 새 발명품을 칭찬해 주었다.

"대체 어떤 재료로 만든 거니?"

"네, 나이트로글리세린이에요."

"아니, 그건 액체 아니냐?"

"네, 액체예요. 그렇기 때문에 몹시 가벼운 것이 이 화약

의 특징이지요. 게다가 성능도 지금까지의 흑색 화약보다 수십 배나 좋아요."

"오, 이건 보통 발명이 아니다. 이제 우리 집안은 이 발명품으로 다시 일어설 수 있게 됐어."

로버트와 루트비히는 기쁨을 감추지 못했다.

"하지만 이것을 실제로 사용할 수 있으려면 아직도 몇 단계의 연구가 더 필요해요."

노벨은 형들과 달리 섣불리 기쁨에 겨워하지 않았다.

"그건 무슨 말이지?"

"하지만 너무 걱정하지 마세요. 그 연구도 가능하니까요."

"노벨, 이 기쁜 소식을 어서 아버지께 알려 드리자."

"아니, 조금 더 있다가 연락하는 편이 낫겠어요."

"그건 또 왜 그렇지?"

"사실 아버지께서도 새로운 화약을 연구하시는 중이거든요."

노벨은 이 발명의 영광을 아버지에게 돌리고 싶었다.

아버지가 성공하면 자기의 연구 결과는 묻어 두려 했던 것이다.

그러나 그 이듬해가 되어도 아버지의 연구가 성공했다는 소식은 들려오지 않았다.

노벨은 곰곰이 생각한 후에 스톡홀름의 아버지를 찾아갔다. 그리고 그동안의 연구 결과를 밝혔다.

"장하구나! 어서 특허* 등록을 하거라."

"사실 아버지께서 먼저 성공하시기를 기다렸어요."

"그럼, 이 실험을 마친 지 오래되었구나?"

"네, 작년에 이미 실험을 마쳤어요."

"뭐라고? 하루라도 빨리 세상에 발표했어야지."

아버지의 이 같은 말에 노벨은 가만히 고개를 숙였다.

특허 등록

새로운 공업품을 발명하여 자신의 소유로 하기 위한 등록을 말한다. 특허권에 관한 사항을 특허원부에 기재하여 공적으로 알리는 등록을 가리키는데, 특허청에 출원하여 심사를 거쳐 등록함으로써 그 권리가 발생한다.

노벨상 수상식이 열리는 스톡홀름의 콘서트 홀

그러자 아버지는 아들에게 다가가 어깨에 손을 얹으며 말을 이었다.

노벨 회관 앞에 세워져 있는 노벨 동상

"노벨, 넌 자랑스러운 내 아들이다. 그러나 명심해야 할 것이 있다. 본디 연구나 발명은 하느님의 손으로 이루어지는 것이야. 하느님이 너의 두뇌를 잠깐 빌려서 인류를 위해 발명품을 이 세상에 내보낸 것이지. 그러니 혼자만의 생각으로 발표를 미룬 것은 큰 잘못이다. 인류의 복지에 공헌할 기회를 네가 늦춘 것이 되니까 말이다. 알겠니?"

"네, 잘 알겠습니다."

노벨은 아버지의 충고 의미를 깊이 깨달았다.

두 얼굴을 가진 나이트로글리세린

다이너마이트의 주성분인 나이트로글리세린은 지금까지 알려진 가장 강력한 폭발 물질 중의 하나이다.

액체 나이트로글리세린은 폭발하면 보통의 실온과 압력 아래에서 순식간에 원래 부피보다 1,200배 이상 늘어난 기체로 바뀌게 되고, 약 5,000℃ 이상의 온도가 상승한다. 순식간에 부피가 팽창하면서 자신을 감싸고 있는 장치를 강하게 밀어내는데 그것이 폭발력의 원리가 되는 것이다. 이러한 폭발력 덕택에 나이트로글리세린은 전장에서 재래식 무기로 사용되었을 뿐만 아니라, 현대 토목 공사에서는 없어서는 안 될 필수품이 되었다. 요즘에는 강력한 폭발력을 인정받아 우주 개발에 필수적인 로켓을 발사하기 위한 발사제 또는 로켓의 연료로도 활용되고 있다.

나이트로글리세린은 강력한 폭발력 외에도 액체 상태로 운반이 허용되지 않을 만큼 약간의 충격에도 쉽게 폭발하기 때문에 다루기가 무척 힘들었다. 실제로 노벨은 다이너마이트를 개발하는 실험 중에 막내 동생과 4명의 직원을 잃었고, 사고의 영향으

로 스톡홀름 시내에서 실험을 할 수 없게 되자 나중에는 호수에 배를 띄우고 실험을 해야 했다. 다행히 노벨은 1866년에 규조토라는 규조류의 사체에서 유래된 흙과 나이트로글리세린을 섞으면 폭발력을 유지하면서도 안전하게 취급될 수 있다는 사실을 발견하였다.

또한 재미있는 사실은 이 강력한 폭발력을 가진 물질인 나이트로글리세린이 응급약으로도 쓰인다는 것이다.

협심증으로 통증이 있는 환자의 경우, 극히 소량의 나이트로글리세린을 혀 밑에 넣거나 증기를 흡입하면, 잠시 타는 듯한 느낌이 지나간 뒤 3~5분 뒤에는 통증이 사라진다. 나이트로글리세린이 혈관을 타고 들어가 심장이나 뇌의 혈액 순환을 좋게 하기 때문이다. 다이너마이트의 원료가 혈관 확장제로도 쓰인다니 신기한 일이다.

19~20세기 무렵 서양에서 산업 발달과 군비 경쟁 때문에 다이너마이트 공장이 많이 늘어났는데 신기하게도 이들 공장에 다니던 협심증 환자들은 협심증 발작이 나타나지 않았다. 원인

을 밝히기 위한 연구가 실
시되었는데, 결국 환자들
이 비교적 단맛을 내는 나
이트로글리세린을 작업
중에 무의식적으로 섭취
한 덕택에 협심증을 예방
할 수 있었다는 것이다. 나
이트로글리세린이 심장

나이트로글리세린을 주성분으로 만든
다이너마이트의 폭발 장면

주위를 감싸고 있는 관상동맥을 넓혀 주어서 협심증 발작을 가
라앉힌다는 것이었다.

그러나 나이트로글리세린이 심장 질환 환자에게 오랫동안 쓸
수 있는 만능 치료제는 아니다. 왜냐하면 내성이 생기기 때문이
다. 나이트로글리세린을 장기간 이용함에 따라 나이트로글리세
린을 분해하는 효소 공급이 줄어들어 결국 나이트로글리세린의
분해력이 떨어지게 되는 것이다.

동생을 잃게 한 사고

  노벨이 서른 살이 되던 1863년 가을, 스웨덴에 이어 영국, 벨기에, 프랑스도 새로운 화약으로 특허를 받았다.

  이 사실을 뒤늦게 안 러시아의 부자들이 노벨에게 공장을 지어 주겠다고 몰려왔다.

  그러나 노벨은 러시아에 공장을 짓고 싶지 않았다.

  '이젠 아버지와 어머니가 계신 스웨덴으로 돌아가 공장을 지어야지!'

  아버지도 노벨의 뜻을 알고 헤렌보르그에 땅을 빌렸다.

그리고 거기에 나이트로글리세린 화약 공장을 세웠다.

하지만 말이 공장이지 조그만 연구실이라고 할 수밖에 없는 작은 집이었다.

바로 이 작은 공장에서 광산의 큰 바윗돌을 폭발시키는 데 대단한 성능을 지닌 새로운 화약이 생산되기 시작했다.

그리고 얼마 지나지 않아 여기저기의 광산과 채석장*에서 잇달아 주문이 들어왔다.

하지만 곧 많은 사람을 부릴 수밖에 없을 만큼 공장도 증축되고 주문도 밀려들었다.

그런 가운데서도 노벨은 또다시 새로운 제조 방법을 연구했다.

그렇게 세월은 흘러 1864년 여름 웁살라 대학에 다니

채석장

건축용 석재나 골재를 채굴하는 장소이다. 채굴은 주로 노천에서 이루어지며, 자연 상태의 원석을 얻어 내게 된다. 보통 콘크리트 골재와 석회암을 얻어 내기 위해서는 구멍을 뚫어 폭약을 장치, 대규모 폭파에 의한 채굴이 이루어진다.

노천 채굴이 이루어지는 채석장

던 동생 에밀이 여름 방학을 맞아 집으로 돌아왔다.

"형!"

"에밀! 어서 오너라."

"야, 내가 떠나 있는 동안 공장이 더욱 커졌군요."

"그럼, 커져야지."

"음, 나도 바쁜 일손을 도울게요. 형, 공장이 커진 것을 보니 너무 기뻐요."

"고맙구나, 에밀. 네가 공장에 있어 준다면 난 마음 편히 공사 현장에 나갈 수 있겠구나."

"이제 공장 걱정은 말아요."

"녀석, 아주 의젓해졌네."

그래서 노벨은 그날부터 광산과 터널 공사 현장을 돌아보게 되었고, 아버지와 에밀은 공장에서 바쁜 나날을 보냈다.

그러던 어느 날이었다.

공장에서 멀리 떨어진 공사 현장을 돌아보고 있던 노벨에게 한 장의 전보가 날아들었다.

공장 폭발 사고로 에밀 사망. 즉시 돌아오기를 바람.

'아니, 에밀이 죽다니!'

전보를 읽은 노벨은 눈앞이 캄캄해졌다. 그는 황급히 헤렌보르그로 돌아갔다.

공장은 처참하게 부서져 계속 연기가 솟아오르고 있었다.

그리고 그 곁에는 아버지와 어머니가 슬픔에 젖은 눈빛을 한 채 서 있었다.

"아버지, 어쩌다가 이런 사고가 일어났어요? 에밀은 어떻게 된 거예요?"

"불쌍한 에밀! 흑흑흑……."

어머니는 노벨을 보자 또다시 울음을 터뜨렸다.

"살아남은 직원들의 말에 따르면 에밀이 뭔가 열심히 실험을 하다가 그만……."

"아아, 나이트로글리세린을 높은 온도 상태로 두는 건 절대 금물인데……. 그걸 미처 모르고 가열하다가 그랬군!"

그러나 아무리 후회해 봐도 소용없는 일이었다.

폐허가 된 공장과 죽은 동생을 본 노벨은 모든 걸 그만둬 버리고 싶은 심정이었다. 게다가 사고 경위를 조사한 경찰은 엄한 명령을 내렸다.

이제부터 마을 근처에서는 나이트로글리세린과 같은 위험 물질의 취급을 금한다.

이러한 통보를 받은 노벨과 아버지는 경찰서로 달려가 사정을 했다.

"앞으로는 절대 폭발 사건이 일어나지 않도록 주의하겠습니다."

그러나 경찰은 냉정하게 거부하며 들어 주지 않았다. 결국 공장은 문을 닫을 수밖에 없었다. 사랑하는 동생을 잃은 것은 물론이고 지금까지 열심히 일해 준 많은 사람들도 함께 잃게 된 것이다.

"여보!"

"아버지!"

이 일로 충격을 받은 아버지는 시름시름 앓기 시작하더니 끝내 자리에 눕고 말았다.

"아버지께서 충격이 크셨군요."

"여보, 정신 차리세요."

그러나 노벨은 굳은 의지로 다시 기운을 차리기 시작했다.

'그래, 다시 일어나야 해. 나까지 절망하고 있을 때가 아니야.'

이 무렵 노벨이 발명한 화약은 광산과 철도 공사에 없어서는 안 될 중요한 것이었다.

예전에는 사람의 힘으로 굴을 파고 철로를 놓을 자리를 만들었지만 노벨이 발명한 화약을 쓰면 엄청난 비용과 시간을 절감할 수 있었다.

그러니 노벨의 발명품은 큰 인기를 끌 수밖에 없었다.

'그렇다! 설령 이번 일보다 더 고통스러운 경우가 닥치더라도 이겨 내야만 한다. 산업을 발전시키고 사람들에게 도움이 되는 일이라면……'

노벨은 두 주먹을 불끈 쥐고 이렇게 다짐했다. 그러자 어

두웠던 마음이 밝아지면서 새로운 용기가 솟아났다.

그때 먼 친척뻘 되는 사람이 노벨에게 시미트란 부자를 소개해 주며 만나 보라고 했다.

노벨은 시미트를 찾아갔다.

"당신과 같은 훌륭한 발명가를 만나게 되어 정말 반갑습니다. 자금은 얼마든지 드릴 테니 다시 공장을 차리십시오."

노벨은 시미트의 말에 뛸 듯이 기뻤다.

게다가 그동안 핀란드에서 석유 사업을 하던 큰형 로버트가 노벨을 도와주겠다고 달려와 더욱 큰 힘이 되었다.

노벨은 마치 달리는 말에 날개를 단 것처럼 신이 났다.

"자, 이제 힘차게 다시 뛰자!"

노벨의 눈이 다시 밝게 빛났다.

새로 시작한 공장에 대한 반응이 무척 좋았다. 세계 여러 곳에서 주문이 밀려 들어와 늘 바빴다.

하지만 직원들의 부주의로 인해 크고 작은 사고가 끊이지 않았다.

그런 위험에도 불구하고 사람들은 노벨이 만들어 내는

나이트로글리세린 화약을 쓰지 않을 수는 없는 노릇이었다.

그것은 인류가 숱한 위험을 무릅쓰고도 불을 멀리할 수 없는 것과 마찬가지였다.

노벨은 굉장히 바빠졌다.

그러나 그는 발명과 제작에만 골몰할 수만은 없었다.

그는 무엇보다 먼저 직원들에게 나이트로글리세린의 안전한 취급법을 가르쳐야 했다. 또한 광산 기술자들도 찾아가 올바른 사용법을 가르쳐 주어야 했다.

그뿐만 아니라 엄청난 분량의 화약을 포장하여 멀리 옮겨 가는 과정도 일일이 감독해야 했다.

게다가 물건을 판 돈의 관리까지도 신경을 써야 했다.

그 무렵부터 노벨은 기술자, 발명가라기보다 사업가로 이름이 나기 시작했다.

어느덧 노벨의 나이 서른두 살이었다.

주변 사람들은 이따금 노벨에게 물었다.

"왜 결혼을 안 하시죠?"

"글쎄, 나는 화약이란 물질과 결혼했습니다."

노벨은 웃으며 이렇게 대답하곤 했다.

도로와 철도는 계속 건설됐으므로 세계 각국에서는 끊임없이 화약을 주문해 왔다.

그래서 얼마 후에는 큰형 로버트의 제안에 따라 핀란드와 노르웨이에도 화약 공장이 세워졌다. 모든 공장은 쉬지 않고 나이트로글리세린 화약을 만들어 냈다.

그러나 도저히 밀려드는 주문을 따라잡을 수가 없었다.

노벨은 큰형 로버트의 도움으로 또다시 독일의 함부르크에다 커다란 공장을 세웠다.

그리고 '노벨 화약 회사'라는 큼직한 간판도 걸었다.

이 공장은 아버지 임마누엘이 러시아에 세웠던 공장보다 훨씬 큰 규모였다. 종업원 수만도 1천5백 명이 넘었다.

그 무렵부터 노벨은 '화약 왕 노벨'이라는 별명으로 불리게 되었다. 그는 전 세계적으로 이름 난 부자가 되어 갔다.

노벨은 세계 각국을 쉴 새 없이 돌아다니며 화약의 취급법을 가르치고 또 가르쳤다.

그의 머릿속에는 늘 불의의 사고로 숨진 에밀의 모습이

떠나지 않았다. 그래서 혹시라도 끔찍한 사고가 또다시 일어나지 않을까 걱정이 되었던 것이다.

1865년 12월 5일 아침, 노벨은 여느 때처럼 조간신문을 펼쳐 들었다. 그런데 순간 가슴 아픈 기사가 눈에 들어왔다.

뉴욕에서 화약 상자를 나르던 인부가 죽었다는 내용이었다.

노벨은 눈앞이 캄캄해졌다.

며칠 후에는 시베리아에서 화약이 터져, 수많은 철도원이 죽고 다쳤다는 뉴스가 전해졌다. 독일의 광부*들이 여러 명 죽었다는 소식도 들려왔다.

그뿐만 아니었다. 시드니에서 창고가 폭발하여 수십 명이 죽고 다쳤다는 소식까지 전해졌다.

광부

광산에서 광석을 캐는 노동자 그 기원은 금·은·철 등의 이용과 함께 오래되었을 것으로 추측된다. 광산 노동은 다른 산업에 비해 노동력이 많이 들고 암반 붕괴, 가스 폭발 등의 위험을 안고 있으며 직업병을 유발하기도 한다.

18세기의 광산 풍경

샌프란시스코가 불탄다!

이듬해 봄에는 미국의 샌프란시스코항에서 큰 폭발 사
고가 일어나 항구가 온통 불바다가 되기도 했다.
"폭발 사고가 이어지면서 전 세계의 여론도 점점 나쁘
게 변해 가는구나. 음……."

살인마 화약, 더 이상 쓰지 말자!

신문과 방송은 매일 노벨 회사의 화약 제품을 비난했
으며 프랑스와 벨기에는 나이트로글리세린을 배에 싣지
못하도록 명령을 내리기도 했다.
한창 이름을 날리고 있던 세계적인 부자 노벨에게 있
어 이것은 큰 타격이었다.
"아무래도 직접 세계 각국으로 돌아다니면서 설명을
해야겠어."
노벨은 자신의 회사에서 만들어진 화약의 안진성에

노벨이 다이너마이트 공장을 세운 독일의 함부르크

관해 설명했다.

"사람들의 부주의로 사고가 난 것뿐입니다."

"우리 정부의 입장은 확고하오."

노벨이 각국을 돌아다니며 취급법을 자세히 설명했지만
아무런 소용이 없었다.

그나마 다행스러운 것은 일부 광산업자들이 계속해서 노
벨의 화약을 사용해 준다는 사실이었다.

그들은 위험을 무릅쓰고서라도 화약을 쓰지 않을 수 없
었기 때문이다.

노벨은 깊은 시름에 잠겼다.

노르웨이 오슬로에 있는 노벨 회관

'아, 어떻게 해야 안전한 화약을 만들 수 있을까? 이제는 안전이 보장되는 제품이라야 세계 시장에 내놓을 수 있다!'

노벨은 다시 연구실에 틀어박혔다.

그러는 사이에도 불운은 자꾸만 계속되었다. 노르웨이에 세운 공장에서 폭발 사고가 일어나더니, 노벨 회사의 심장부라고 할 수 있는 독일의 함부르크 공장에서도 커다란 폭발 사고가 발생하였다. 결코 더 이상 그냥 넘길 문제가 아니었다.

사고가 날 때마다 수많은 사람들이 다치고 죽다 보니 이젠 노벨 형제들까지도 나이트로글리세린이 싫어졌다.

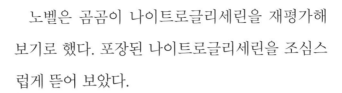

　노벨은 곰곰이 나이트로글리세린을 재평가해
보기로 했다. 포장된 나이트로글리세린을 조심스
럽게 뜯어 보았다.

　나이트로글리세린은 우유보다 조금 더 걸쭉한
액체였다. 그것을 우선 양철통에 담은 다음, 다
시 나무 상자로 포장하였다.

　하지만 오래 보관하면 양철통이 삭아서 구멍
이 생기는 수가 있어 나이트로글리세린이 스며
나오기 십상이었다. 그리고 그것이 일정한 분량
정도가 되면 상자 밖으로까지 흘러나왔다.

　그때 부주의로 강한 충격을 주거나 열을 가하
면 폭발하는 것이었다.

노벨상

세계적으로 가장 권위 있는 노벨상은 다이너마이트를 발명한 노벨의 유산을 기금으로 운영되고 있다.

노벨은 지금까지도 산업 현장에서 유용하게 쓰이는 다이너마이트를 발명했음에도 불구하고 파괴적인 폭약을 만들었다는 비난을 받아야 했다. 억울한 심정이 된 노벨은 평화를 바라는 뜻에서 노벨상 제정을 유서로 남겼다.

그 유서에는 후보자의 국적은 전혀 따지지 말고 인류의 복지에 가장 구체적으로 공헌한 사람에게 줄 것 등, 상에 관한 세부적인 사항을 제시해 놓았으며 그 내용은 지금도 변경되지 않고 있다.

처음 노벨상은 물리학상, 화학상, 생리 및 의학상, 문학상, 평화상 등 다섯 부문으로 나뉘었고 1901년에 첫 회 수상자가 탄생했다. 그 이후 1969년부터는 경제학상이 추가되었다.

노벨상의 수상자 선정은 2천여 부에 이르는 추천 의뢰서에 의해 시작된다. 추천서를 받으면 비밀회의에서 신중한 검토와 조사를 거쳐 최종 수상자가 선정된다.

　물리학상과 화학상, 경제학상은 스웨덴 왕립 과학 아카데미에서, 생리 및 의학상은 스톡홀름의 카롤린스카 의학 연구소에서 수상을 담당한다. 또 문학상은 스웨덴 아카데미에서, 평화상은 노르웨이 국회가 선출한 5인의 노벨 위원회에서 수상을 담당한다.

　연구 분야가 분화된 과학 부문에서는 최근에 2, 3명의 공동 수상자가 나오기도 하는데 수상자가 확정되면 수상 1개월 전에 전보로 통지한다.

　노벨상 수상식은 매년 12월 10일 오후 4시 30분 노벨이 작고한 날 같은 시각에 스웨덴의 수도 스톡홀름의 콘서트홀에서 거행된다. 이때 스웨덴 국왕으로부터 수여장과 메달이 증정되는데 평화상만은 같은 날 노르웨이의 수도 오슬로에서 시상한다. 상금은 노벨 재단에서 수여하는데 금액은 해마다 일정하지 않고 공동 수상일 경우에는 나눈다.

　노벨상을 받으면 수상자는 6개월 이내에 수상 업적에 대해 강연할 의무를 지며 강연 내용의 저작권은 노벨상 기금 이사회에 돌아간다.

　노벨상을 받은 일가로는 퀴리 부부의 물리학상(1903년), 퀴리 부인의 화학상(1911년), 퀴리의 딸 졸리오 퀴리 부부의 화학상(1935년)이 있다.

　반면 독일의 쿤 화학상(1938년), 부테난트 화학상(1939년), 도마크(1939년)는 히틀러의 정치적 목적에 의한 방해로 타의에 따른 거부자가 되었고, 옛 소련인 파스테르나크의 문학상(1958년) 또한 소련 정부의 방해로 인한 타의에 따른 거부자가 되었다. 한편, 자의적 거부자로는 프랑스 작가 사르트르의 문학상(1964년), 베트남인 레둑토의 평화상(1973년) 그리고 미국의 대중음악 가수 밥 딜런의 문학상(2016년)은 수상을 거부한 경우로도 유명하다.

　우리나라의 경우, 2000년도에 김대중 전 대통령이 노벨 평화상을 그리고 2024년에는 아시아 여성 최초로 작가 한강이 노벨 문학상을 수상하였으며 스웨덴 한림원은 "역사적 상처에 직면하고 인간 삶의 취약성을 노출하는 한강의 시적 산문"이라며 선정한 이유를 밝혔다.

다이너마이트의 발명

]한동안 나이트로글리세린을 들여다보며 생각에 잠겨 있던 노벨이 벌떡 일어나 소리쳤다.

"그렇다! 모든 문제가 액체이기 때문에 생기는 것이니 고체로 만들어 보면……."

그는 물약의 약효와 같은 알약이나 가루약이 있다는 사실을 깨달았다.

노벨의 얼굴빛이 순간 밝아졌다.

그때부터 새로운 실험이 밤낮으로 계속되었다.

처음에는 나이트로글리세린을 숯가루에다 섞어서 폭발시켜 보았다. 그러나 제대로 폭발하지 않았다. 다음엔 톱밥, 그 다음엔 벽돌 가루 등 수없이 많은 실험을 반복하였다.

하지만 그런 식으로 계속 재료를 바꾸어 보아도 별다른 성과를 얻지는 못했다.

"좋은 방법이 있을 텐데. 잠시 머리 좀 식혀야겠군. 아! 그거다. 왜 여태까지 그걸 생각하지 못했을까?"

그것은 바로 양철통과 나무 상자 사이를 메우기 위해 썼던 규조토라는 흙이었다.

규조토는 주변에서 흔히 볼 수 있는 것으로, 나무껍질 따위가 오랫동안 물속에 쌓여 있다가 수분이 빠져나가거나 증발한 후에 남게 되는 흙이었다.

노벨은 액체를 잘 빨아들이는 성질이 있는 규조토에 나이트로글리세린을 섞어 배합의 비율을 바꾸어 가면서 조심스럽게 폭발 실험을 해 보았다.

그런데 정말 놀랍고도 기쁜 일이 벌어졌다.

규조토에 섞인 나이트로글리세린이 액체 상태의 나이트

로글리세린을 폭발시킨 때와 조금도 다름없는 위력을 가지고 있는 게 아닌가!

"자, 성능은 만점이니 이젠 안전도 실험이 문제로군."

노벨은 저절로 힘이 솟는 듯했다. 그는 망치로 조심스럽게 고체 상태의 화약을 두드려 보았다. 더 세게, 좀 더 세게…….

그러나 화약은 터지지 않았다.

다음에는 높은 언덕 위로 올라가 아래로 힘껏 던져 보았다.

'오, 하느님! 대성공입니다! 역시 아무 일도 일어나지 않았습니다.'

노벨은 벅차오르는 기쁨으로 두 손을 모으며 땅바닥에 무릎을 꿇었다.

'이젠 이 화약에 멋진 이름을 짓는 일만 남았다.'

노벨은 흥분된 마음을 가라앉히며 오랫동안 궁리하다가 한 가지 이름을 떠올렸다.

'그래, 그리스어로 힘을 의미하는 다이너마이트가 좋겠

다. 아주 그럴듯한 이름이야.'

이렇게 해서 노벨이 발명한 화약에는 다이너마이트란 새 이름이 붙여지게 되었다.

그 후, 1866년 가을부터 새로 지은 함부르크 공장에서 다이너마이트가 쏟아져 나오기 시작했다.

다이너마이트가 여기저기 사용되기 시작했다.

마침내 운반의 편리함과 안전성 때문에 평판이 좋았다.

여러 신문에서도 다이너마이트 발명에 대하여 크게 보도했다.

화약으로 인한 사고는 더 이상 일어나지 않았다. 다이너마이트로 노벨의 부와 명예와 자존심은 모두 회복되었다.

1868년, 스웨덴의 과학 아카데미*는 노벨의 공로를 기리

아카데미

아카데미는 유럽을 중심으로 하여 17~18세기에 설립 붐을 이룬 학술 단체이다. 정부에 의해 설립, 보호되며 과학·문학·예술 등이 있다. 스웨덴 과학 아카데미는 1786년 스톡홀름에 설립되었다.

스웨덴 수도 스톡홀름의 세루게로 광장

며 학사원상을 수여했다.

이 소식을 전해 들은 아버지는 어린애처럼 기뻐했다.

"노벨, 이젠 아무것도 우리를 방해하지 못하게 되었다. 위대한 발명 앞에 모든 잡음이 사라진 거야!"

이렇게 아들의 수상을 기뻐하며 평생을 화약 연구에 몸바쳐 온 아버지 임마누엘은 노벨이 상을 받은 지 4년이 지난 1872년, 일흔한 살의 나이로 세상을 떠났다.

"아버지가 안 계시니 어머니께서 쓸쓸해하시는구나."

"우리 삼 형제가 생신 때 모두 모여 기쁘게 해 드립시다."

노벨은 다이너마이트 발명으로 바쁜 나날을 보냈지만 어머니에 대한 사랑만큼은 여전했다.

'나는 그동안 너무 바빠 어머니 생신에도 참석치 못하고 말았구나.'

공장 실험실에 틀어박혀 지내는 사이, 노벨은 어느새 마흔 살의 중년 신사가 되었다.

'이제는 안락하고 쾌적한 환경에 푹 파묻혀 지내고 싶다. 그러려면 편히 쉴 집이 있어야겠어.'

노벨은 여러모로 궁리한 끝에 프랑스의 파리 교외에 정원이 딸린 집을 사들였다.

정원수도 잘 가꾸어져 있고 온실도 있어 아주 마음에 들었다.

'음, 아주 마음에 드는 집이야.'

노벨은 그밖에 실험실을 꾸미고 조수를 채용했다. 가정부도 여러 명 두어 집 안팎을 깨끗이 쓸고 닦았다.

그는 새집에서 조용한 시간을 보내며 셸리와 바이런*의 시를 읽고 명상에 잠기기를 좋아했다.

어느 날, 유명한 연극 배우부부가 노벨의 집을 방문했다가 이상한 듯 고개를 갸웃거렸다.

"왜 그러십니까?"

바이런(1788~1824)

영국 낭만파의 대표적 시인으로 런던에서 태어났다. 괴테로부터 '금세기 최대의 천재'라는 찬사를 받았으며 귀족의 아들로 태어났으나 불행한 유년기를 보냈다. 주요 작품으로 <차일드 해럴드의 편력>, <해적>, <돈 주앙> 등이 있다.

서재에서 명상에 잠겨 있는 바이런

"집은 좋은데 뭔가 빠진 것 같아서요."

"그게 무엇입니까?"

"부인과 아이 말입니다."

"하하, 저는 화약과 결혼한 사람이거든요."

"선생, 그건 자신을 속이는 말씀입니다. 어쩔 수 없이 선생도 적적함을 느끼실 게 분명합니다. 그러니 부디 결혼하십시오."

그런 일이 있은 다음, 노벨은 여비서를 구한다고 신문에 광고를 내었다.

그러자 수많은 여성이 여비서가 되겠다고 찾아왔다. 그 많은 여성 가운데 한 사람이 노벨의 마음을 끌었다.

그녀의 이름은 벨타 킨스키였다. 오스트리아 귀족의 딸로 매우 아름답고 교양 있는 여성이었다.

노벨은 그녀를 채용하기로 했다.

2주일 후에 오기로 약속한 여비서 벨타를 위하여 노벨은 실내 장식가를 불러 집을 더욱 아름답게 꾸몄다.

그녀는 약속한 날짜가 되었는데도 오지 않았다. 그녀를

손꼽아 기다리던 노벨의 실망은 이만저만이 아니었다.

그로부터 며칠 후, 벨타에게서 한 장의 편지가 날아왔다.

존경하는 노벨 선생님.

어떻게 사과의 말씀을 드려야 할지 모르겠군요. 저는 곧 결혼을 하게 되어 선생님 곁으로 갈 수가 없습니다.

하지만 조만간 저보다 더 훌륭한 여비서를 채용하실 수 있을 겁니다. 선생님의 건강을 빕니다.

'아니, 이럴 수가. 갑자기 가슴 속이 텅 빈 것 같구나.'

며칠 후 연극배우 부부가 다시 찾아왔다.

"선생, 여비서를 구하셨다면서요?"

"그런데 갑자기 못 올 사정이 생겼다는군요."

"그럼 다른 사람을 구하셔야겠군요."

"말씀은 고맙지만…… 또다시 여비서를 구하지는 않겠습니다. 저는 아무래도 여자와 인연이 없나 봅니다."

결국 노벨은 여비서를 포기하고 말았다.

얼마 후 노벨은 다이너마이트로 번 돈을 형 로버트가 경영하는 석유 사업에 투자했다.

그 결과는 대성공이었다. 바쿠 지방의 유전 개발로 노벨 형제는 돈방석에 앉았다.

발명에 천재적 재능을 가진 노벨이 파이프를 통하여 기름을 수송하는 방법을 고안해 내 하루아침에 수송 문제를 해결했던 것이다.

그러나 노벨은 돈을 벌어 자신만 풍요로운 생활을 하지는 않았다. 그는 자선 사업가로도 점점 이름이 알려지기 시작했다.

그의 집에는 갖가지 하소연을 하러 찾아오는 사람이 줄을 이었다.

그렇게 오랜 세월이 흐른 어느 날, 예고도 없이 한 쌍의 젊은 부부가 찾아왔다. 그들은 다름 아닌 벨타와 그녀의 남편 아토아 주트너였다. 벨타는 10년 만에 파리에 온 것이다.

노벨은 두 사람을 반갑게 맞이했다. 그리고

오랜만에 허물없이 이야기를 주고받았다.

"선생님, 저는 그사이에 소설가가 되었어요."

벨타가 수줍어하며 말했다.

"소설가가 되었다고요? 정말 축하합니다. 앞으로 좋은 작품 많이 쓰십시오."

"선생님께서도 한때 문학을 공부하셨다면서요?"

이번에는 벨타의 남편이 물었다.

"허허, 그런 시절이 있었지요."

"들리는 말로는 지금도 여전히 문학 서적을 즐겨 읽으신 다던데요."

"네, 문학을 사랑하기 때문에⋯⋯."

"제가 알기로는 많은 작가들이 가난하게 살고 있습니다. 혹시 선생님께선 그런 작가들에게 도움을 주고 싶은 생각은 없으십니까?"

"그거 좋은 생각이로군요. 도움이 되어 드리고 싶어요. 꼭 돕겠습니다."

노벨은 힘주어 다짐했다.

그런 일이 있은 지 3년 후, 노벨에게 자그마한 우편물이 배달되어 왔다. 그것은 벨타의 새 소설*「무기를 버려라」였다. 전쟁으로 인하여 여성들이 받는 괴로움과 슬픔을 그린 작품이었다.

노벨은 평화를 호소하는 작품에 깊이 감동하였다.

그때부터 노벨은 벨타와 자주 편지를 교환했다. 때로는 먼 곳까지 찾아가 벨타의 강연을 듣기도 했다.

그러던 중, 1888년에 작은형 루트비히가 세상을 떠났다. 그리고 그 이듬해에는 그의 어머니가 여든여섯 살의 나이로 세상을 떠났다.

어느덧 노벨도 쉰여섯 살이 되어 있었다.

마침내 수많은 발명과 사업으로 세계에서 몇 번째 가는

소설

소설은 문학의 한 형식으로 시나 극문학과 달리 형태와 내용이 매우 자유롭다. 작가가 경험하거나 구상한 사건을 아름답게 형상화하여 보여줌으로써 독자를 감동시키는 창조적 문학의 한 형태이다.

소설 <바람과 함께 사라지다>의 영화 포스터

큰 부자가 되었다.

그러나 집안 식구들의 잇단 죽음과 사업에서 특허권을 둘러싼 재판 문제 등으로 노벨은 하루도 마음 편할 날이 없었다.

그래서인지 이따금 가슴에 통증이 밀려오곤 했다.

"심장이 몹시 약해져 있어요."

"심장이?"

"노벨 씨, 가슴이 심하게 아프면 이걸 드십시오."

"무슨 약입니까?"

"나이트로글리세린입니다."

"나이트로글리세린이라고요?"

"네, 진정 작용과 아울러 혈관 확장 작용을 합니다."

그날부터 노벨은 공교롭게도 심장 질환이 더 악화하는 것을 막기 위하여 자신이 발명한 나이트로글리세린을 틈틈이 마셔야 했다.

벨타는 노벨이 누워 있는 병상으로 자주 찾아왔다.

"선생님, 어서 회복되셔서 제 새 소설을 읽어 주셔야

지요.”

“벨타, 나는 이미 죽음을 각오하고 있어요. 이제 하나둘 떠날 준비를 하고 싶어요.”

이런 이야기가 오고 간 며칠 뒤, 노벨은 네 명의 친구들을 집으로 초청했다. 그들은 파리에 있는 스웨덴 클럽 회원들이었다.

“어서 오십시오, 여러분. 오늘은 개인적으로 특별한 부탁이 있어서 초대한 겁니다.”

“부탁이라니요?”

“다름이 아니라 내 유언장의 증인이 되어 달라는 것입니다.”

모두 한동안 말이 없었다.

노벨은 변호사로부터 건네받은 서류를 훑어보고 나서 펜을 들어 서명했다.

“자, 여러분들도 여기에 서명해 주세요.”

이 말에 네 명의 친구들은 유언장을 들여다보았다. 그 유언장의 내용은 다음과 같았다.

돈으로 환산할 수 있는 나의 모든 재산을 기금으로 하여 상을 제정한다.

그 기금의 1년분 이자를 상금으로 하며, 한 해 동안 인류를 위해 가장 크게 공헌한 사람을 가려내어 수상자로 결정한다.

●물리학상 - 물리학 분야에서 가장 업적이 두드러진 사람을 스웨덴의 과학 아카데미가 엄정하게 선정하여 상을 수여한다.

●화학상 - 화학 분야에서 업적이 두드러진 사람을 스웨덴 과학 아카데미가 선정하여 상을 수여한다.

●생리•의학상 - 생리학이나 의학 분야에 크게 공헌한 사람을 스톡홀름의 의학 연구소가 선정하여 상을 수여한다.

●문학상 - 작품을 읽는 사람의 마음을 맑고 고결하게 해 주는 작가를 스웨덴의 문학 아카데미에서 선정하여 상을 수여한다.

●평화상 - 세계의 평화를 위해 큰 공을 세운 사람을 노르웨이 의회에서 위원회를 구성하여 선정하고 상을 수여한다.

이상의 모든 항목에 있어서 어떤 나라, 어떤 사람도 차별해서는 안 된다. 그 상에 어울리는 사람이 꼭 받도록 한다.

이 유언장을 읽은 네 명의 친구들은 차례로 이에 서명했다.

노벨은 마지막으로 친구들 한 사람 한 사람의 손을 꼭 잡아 악수를 청하며 말했다.

"고맙소. 이것으로 내 모든 재산의 처분은 끝난 셈입니다."

"참으로 훌륭한 결심을 하셨습니다. 오늘 이 유언장에 서명한 것을 큰 영광으로 생각하겠습니다."

"허허허, 그렇게 생각하신다니 다행이군요."

그 이듬해인 1896년 8월에는 큰형 로버트마저 세상을 떠났다.

'다음은 내 차례로구나!'

노벨은 마음속으로 단단히 각오를 했다.

그해 가을, 노벨은 이탈리아의 산레모*에 있는 별장으로 옮겨 휴양 생활을 하였다.

그곳은 기후가 따뜻하고 경치가 좋아서 5년 전에 마련해 둔 별장이었다.

산레모 별장으로 옮겨 온 후에도 노벨의 건강은 회복되지 않았다.

어떤 역경에도 굴하지 않고 연구와 실험에 몰두한 노벨이었지만 늙고 병드는 것만은 막을 수 없었다.

1896년 12월 7일이었다.

"으윽!"

노벨은 가정부에 의해 침대로 옮겨졌다.

산레모

산레모는 지중해가 훤히 보이는 이탈리아의 아름다운 항구 도시이자 휴양지이다. 노벨은 말년에 이곳에서 휴양을 하면서도 연구를 멈추지 않았으며 여기에서 세상을 떠났다.

노벨이 실험했던 이탈리아 산레모의 연구실

노벨의 고향 스웨덴의 스톡홀름 시청사(왼쪽)와 스톡홀름에서 가장 오래된 13세기의 대성당(오른쪽)

"선생님!"

"선생님, 정신 차리세요."

그로부터 사흘 뒤인 12월 10일, 노벨은 예순세 살을 일기로 영원히 눈을 감았다.

위대한 발명가 알프레드 노벨은 객지인 산레모 별장에서 홀로 죽음을 맞은 것이다.

산레모에서 장례식이 끝난 뒤, 그의 유해는 고향인 스톡홀름으로 옮겨졌다.

노벨은 아버지와 어머니, 그리고 동생 에밀이 묻힌 치치드 묘지에 묻혔다.

그 후 몇 해 동안 유언장에 적힌 대로 노벨의 모든 재산이 정리되었다. 그리고 노벨 재단이 발족하고, 노벨상이 제정되기에 이르렀다.

노벨이 죽은 지 5년 후인 1901년 12월 10일, 마침내 제1회 노벨상 수상식이 거행되었다.

물리학·화학·의학·문학상은 스웨덴의 스톡홀름에서 수여되었으며 평화상은 노르웨이 오슬로에서 전해졌다.

시상식이 거행된 왕립 음악 아카데미 홀은 휘황찬란하게 꾸며졌다. 주위는 온통 꽃으로 장식되었고 노벨의 흉상이 놓였다.

그리고 왕실 오케스트라의 연주 속에 내빈들이 들어와 자리에 앉았다. 아름다운 예복에 훈장을 단 스웨덴의 왕과 장관들이 참석했고 세계 여러 나라의 유명 인사들과 그 부인들도 초청되었다.

잠시 후 팡파르가 우렁차게 울려 퍼졌다. 그러자 수상자와 그 가족들이 뜨거운 박수를 받으며 입장했다.

그리고 곧 사회자의 안내에 따라 시상식이 시작되었디.

노벨 재단의 총재가 나와 노벨상 제정 경위와 노벨의 업적을 기리는 인사말을 했다. 수상자에 대한 시상은 스웨덴 황태자가 했으며 4만 달러의 상금과 메달을 줬다.

첫 번째 물리학상은 엑스선을 발명한 독일의 뢴트겐이 받았다. 또 화학상은 네덜란드의 반토호프가 입체 화학을 창시한 공로로 받았다.

생리·의학상은 디프테리아균의 항독소를 발견한 독일의 세균학자 베링이 수상했으며 문학상은 프랑스의 시인 프리돔이 받았다.

스톡홀름시에서는 영광의 노벨상 수상자들에게 행운의 열쇠를 증정했다.

한편, 노르웨이에서는 노벨 평화상 시상식이 성대한 축하 속에 베풀어졌다.

수상자는 두 사람이었는데, 적십자를 일으킨 스위스 태생의 앙리 뒤낭과 평화주의의 선구자인 파시였다.

첫 번째 시상식이 있고 나서 4년 후, 노벨의 여비서로 일할 뻔했던 소설가 벨타 주트너가 다섯 번째 노벨 평화상을

노벨상 수상 파티가 열리는 콘서트홀 내부

수상했다.

이후 경제 분야가 추가되었으며 지금에 이르고 있다. 노벨상 시상식은 해마다 12월 10일, 노벨이 세상을 떠난 날을 기념해 열리고 있다.

이 세상의 상 중에 가장 권위 있고 영광스러운 노벨상 수상자는 자신뿐만 아니라 조국의 명예까지 한껏 드높이게 되는 것이다.

다이너마이트 발명으로 인류의 발전에 크게 공헌한 노벨! 그는 죽어서도 전 세계 사람들을 위해 일하고 있는 셈이다.

노벨의 생애

알프레드 노벨은 스웨덴의 스톡홀름에서 태어났다. 발명가인 아버지의 영향으로 발명에 일찍 눈을 떠 1866년 다이너마이트를 발명하였다. 다이너마이트의 발명은 인류 문명을 1세기나 앞서 가게 했지만 노벨은 폭발물을 발명했다는 수많은 비난을 받아야 했다. 그러나 노벨은 다이너마이트가 유용하게만 쓰인다면 인간의 생활에 이득이 된다는 신념을 잃지 않았다.

노벨

(Alfred Bernhard Nobel 1833~1896)

1833년
10월 21일 스웨덴의 스톡홀름에서 발명가인 임마누엘 노벨의 셋째 아들로 태어났다.

1842년
가족이 모두 러시아로 이주한 후에 주로 가정 교사로부터 교육을 받았다.

1848년
미국과 유럽 여러 나라를 여행하였고 프랑스와 미국에서 2년간 화학과 기계학에 대해 공부했다.

1853년
이때까지 아버지의 군수 공장에서 일을 도와주며 발명가로서의 역량을 다졌다. 크림 전쟁이 일어나자 노벨 공장의 기뢰가 전쟁에 쓰이기도 했다. 공장이 파산하자 부모님은 스웨덴으로 돌아갔다. 러시아에 남은 노벨은 충격에 의해 폭발하는 나이트로글리세린을 만들어 냈다.

1863년
나이트로글리세린 뇌관 제조에 성공, 뇌관의 특허를 받아 내어 기업가로서 변신을 한다. 그러나 이듬해 공장이 폭발해 동생 에밀이 죽었다.

1865년
함부르크에 알프레드 노벨 회사를 건립했다.

1866년
나이트로글리세린이 여러 나라에 보급되면서 폭발 사고가 잇달
아 많은 희생자를 내며 국제적으로 물의를 일으켰다. 이후 규조
토에 나이트로글리세린을 배어들게 하여 보다 안전한 다이너마
이트를 발명했다.

1868년
스웨덴의 과학 아카데미로부터 다이너마이트를 발명한 공로로
'학사원상'을 수상했다.

1887년
무연 나이트로글리세린 화약을 개발했다. 다이너마이트 외에도
합성 고무와 인조 비단을 발명하여 특허를 받았다.

1896년
12월 10일, 이탈리아의 산레모에서 세상을 떠났다.

1910년
12월 10일, 그가 세상을 떠난 날을 기념하여 제1회 노벨상 시상식
이 거행되었다.